LET'S READ!

DEUTSCHE

Buch 1

„Das größte Geschenk das du einem Kind geben kannst, ist das Geschenk lesen zu können."

EIN BAUERNHOF

A FARM

Buch 1

A dog.

Ein Hund.

A cat.

Eine Katze.

A rabbit.

Ein Kaninchen.

A bird.

Ein Vogel.

A horse.

Ein Pferd.

A cow.

Eine Kuh.

A sheep.

Ein Schaf.

A duck.

Eine Ente.

A hen.

Ein Huhn.

A fish.

Ein Fisch.

A farm.

Ein
Bauernhof.

DAS ENDE

Download-Audio aktiviert App "German Library: Dual Language" auf https://reader.us.com/german Erfordert ein Android-Gerät.

Printed in Great Britain
by Amazon

10961722R00016